ROBERTO FANO VIAMONTE. Biólogo, graduado en la facultad de biología de la Universidad de La Habana. Trabajó en los servicios de salud de Cuba durante veintisiete años, donde obtuvo la categoría de investigador auxiliar, mediante la publicación de artículos científicos en revistas cubanas y extranjeras y otras tareas profesionales. Promotor cultural, creador de los programas comunitarios Tardes Culturales y Pasos Verdes, en Campo Florido, su pueblo natal. Fue colaborador de la revista Palabra Nueva, de la arquidiócesis de La Habana.

Diseño de cubierta e ilustraciones interiores:
KAS FERRERA FANO

RODEOS EN CAMPO FLORIDO

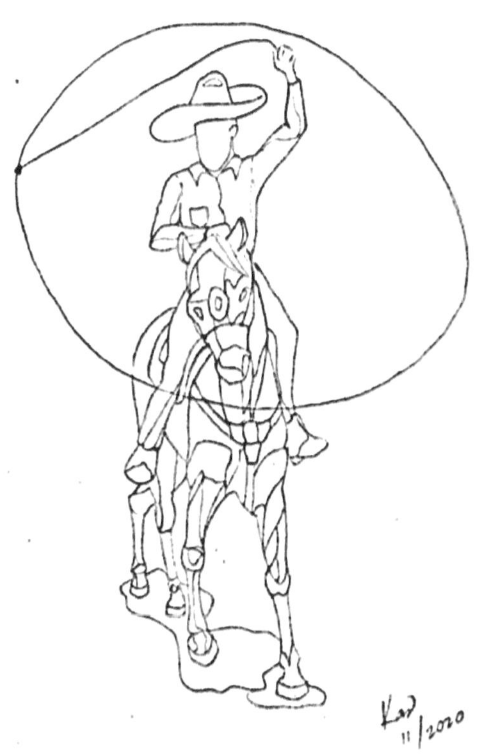

ROBERTO FANO VIAMONTE

RODEOS EN CAMPO FLORIDO

ROBERTO FANO VIAMONTE

DEDICATORIA

> Puede que en algunas situaciones de la vida
> tu galope se vuelva trote; pero lo que nunca has de
> hacer es soltar las riendas.
>
> Vaquero anónimo

A todos los protagonistas de esta historia, cuyos nombres aparecen en este libro.

A Orlando Rodríguez Delgado, conocido por Orlando Monroy, a Armando Sánchez Pérez y a José Antonio Hernández, conocido por Coto, por sus destacadas participaciones como vaqueros y promotores de rodeos en las primera y segunda etapas de esta historia.

A Noel García Mateo, conocido por Chachi, por su destacado trabajo como activista, promotor, organizador y juez de rodeos durante las segunda y tercera etapas de esta historia, tareas por las cuales ha recibido numerosos reconocimientos.

A mi familia.

AGRADECIMIENTO

A Orlando Monroy, Dorila Torres Acosta, Chachi García Mateo, José Ramón de la Fe Corona, Orestes Quirino Torres Acosta, Jorge Luis Martínez Rosa, Deisy Mesa de Armas, Olga Sosa Peña, César Torres León y Nancy Pérez Núñez por los testimonios y fotografías que me ofrecieron.

A todos los autores y fuentes que aparecen acotadas en las referencias.

A mi nieto Kas por el diseño de cubierta y las ilustraciones interiores.

AL LECTOR

Estimado lector, siempre que escribo lo hago pensando en ti y trato de hacerlo lo más claro posible, evitando usar palabras y frases que te causen incomodidad al leer.

Si disfrutas la lectura y sientes que este pedazo de historia te ha ofrecido información entretenida e interesante, serán evidencias de que no he malgastado el trabajo ni el tiempo y me sentiré recompensado.

Roberto Fano Viamonte

Miami, primavera de 2021

PRÓLOGO

El propósito de este libro es conocer como apareció y se desarrolló el rodeo deportivo en Campo Florido. Se narran los hechos y se mencionan los pasos y acciones de sus protagonistas desde los antecedentes y el origen hasta el año 2001.

El libro tiene siete capítulos. Los dos primeros preparan al lector acerca del origen del rodeo, algunos vocablos usados y las descripciones de las variedades y faenas que componen el espectáculo.

Los capítulos tercero, cuarto y quinto están dedicados a cubrir todas las actividades y logros de sus protagonistas en tres etapas de la historia local que se cuenta.

El capítulo seis demuestra la crueldad del rodeo deportivo en todas las pistas del planeta y expresa la necesidad de sustituir las faenas peligrosas y dañinas por otras más acordes con las reglas sociales y sanitarias, y legislaciones nacionales y mundiales vigentes en el siglo XXI.

El capítulo siete busca una manera de renovar algunas prácticas actuales del rodeo deportivo y al final propone una solución con buenas intenciones, donde la tecnología mundial y las tradiciones culturales renovadas de los pueblos se unan para ofrecer un espectáculo de rodeo que complazca a empresarios, promotores, federaciones, atletas, animales y público de todas las edades y rincones del planeta.

ÍNDICE TEMÁTICO

CAPÍTULO 1

ANTECEDENTES Y ORIGEN

Recuerda que sentir gratitud y no expresarla
es como ensillar un caballo y no montarlo.
Vaquero anónimo

Rodeo es el sitio donde se reúne el ganado mayor para pasar la siesta o la noche, o para contar las reses o para venderlas.

Yo soy un hombre que jamás
Ni vacilo ni me azoro,
Aunque me remeta un toro
Por delante o por detrás,
El cuerpo le saco, ¡zas!
Y a retroceder le obligo,
Y valiente lo persigo
Por los bosques más internos,
Que siempre fui de los cuernos
El más atroz enemigo.

Si algún toro que corseo
El monte quiere tomar,
Yo lo sabré despuntar
Y meterlo en el rodeo.
Si mientras canto y voceo
Se desparrama el ganado,
Y algún cornudo arrojado
Me embiste sabana afuera,
Con la desjarratera[1]
Lo he de tumbar de costado (sic)

Juan C. Nápoles Fajardo (1829-1862)*

---

[1] El autor se refiere probablemente al instrumento conocido hoy por *desjarretadera*, que sirve para desjarretar (cortar las piernas por el jarrete) toros y vacas.

La palabra *rodeo* y la expresión *tumbar de costado*, una de las habilidades de los vaqueros con las reses, aparecen en estas décimas de la poesía Las Vaquerías, que forma parte del poemario *Rumores del Hórmigo*[2], publicado en 1856.

(*) Juan Cristóbal Nápoles Fajardo

Nació en San Jerónimo de las Tunas, hoy Las Tunas, Cuba. Su padre era propietario del ingenio El Cornito en esa localidad.

Fue patriota, empleado público y poeta culto. No aceptó las métricas usadas por los otros poetas de su tiempo para cultivar la décima de octosílabos, llegando a ser su exponente más alto en Cuba, en el siglo XIX.

Su obra literaria es numerosa e incluye teatro, sonetos, romances y otras combinaciones métricas, destacándose el poemario de décimas ya mencionado.

Acerca de su seudónimo *Cucalambé*, un autor vincula su origen a la fusión de dos sonidos, uno proveniente de una palabra inglesa y otro de una palabra autóctona insular; otro autor lo asocia al nombre de un baile de esclavos negros; pero no se han encontrado evidencias que respalden ambas opiniones.

---

[2] Nombre de un río. Referencias más recientes lo nombran Hormiguero.

La palabra rodeo aparece también en unos versos del poema épico *El gaucho Martin Fierro,* dado a la luz en 1872.

> Yo soy toro en mi rodeo
> Y torazo en rodeo ageno;
> Siempre me tuve por güeno
> Y si me quieren probar,
> Salgan otros a cantar
> Y veremos quién es menos (sic)

> José Hernández[3] (1834-1886)

Los quehaceres cotidianos de los vaqueros en el tratamiento de las reses son numerosos. Se requieren habilidades para trasladar hatos de ganado de una localidad a otra; así como reunirlas para marcarlas, curarlas, clasificarlas, pesarlas y venderlas.

Es probable que a un vaquero se le ocurriera la idea de mostrar sus habilidades en el manejo de los animales y pidiera a sus compañeros de faena que hicieran lo mismo, en un momento de aburrimiento, mientras descansaban en un lugar del camino por donde trasladaban las reses para su destino. Probablemente el entretenimiento se aceptó con agrado y alcanzó popularidad entre los vaqueros, propagándose a otras haciendas del gremio.

Una fuente señala la influencia de las habilidades pastoriles españolas en el sudoeste de los Estados Unidos y su legado de la palabra *rodeo.* Apunta que las diversiones vaqueras se celebraban aproximadamente desde la década de 1820, que el primer *rodeo* de la historia se celebró el 4 de julio de 1883 en Texas y que la primera competición profesional tuvo lugar en la ciudad Prescott, en el estado Arizona, en 1888. Las competiciones tuvieron mucha popularidad en el período 1890-1910 y pocos años después el *rodeo* se aceptó como un deporte, según la fuente.

Un autor revela que las primeras manifestaciones de este pasatiempo fueron en un rancho de la ciudad mexicana Hermosillo, en el estado

---

[3] Poeta argentino.

Sonora, y agrega que esta diversión se convirtió en espectáculo en un rancho de la ciudad estadounidense Pecos, en el estado Texas, en 1888.

Otra referencia comenta que William F. Cody (conocido por Buffalo Bill) promovió el primer gran rodeo y el primer espectáculo del Salvaje Oeste en North Platte, Nebraska, Estados Unidos, en 1882 y añade que "Días fronterizos", "Estampidas" y "Concursos de vaqueros" fueron los nombres populares más usados en las competencias en el periodo 1880-1920, en los Estados Unidos, donde la palabra *rodeo* solo se usaba ocasionalmente, hasta ser adoptada oficialmente como deporte en 1945.

Este deporte se practica en varios países. En el centro y sur de México se le llama *jaripeo*.

El rodeo como deporte llegó a Cuba procedente de México en la década de 1940, según una autora. Otra fuente señala que fue importado desde los Estados Unidos, sin anotar el año.

CAPÍTULO 2

VOCABLOS, JUECES, VARIEDADES Y FAENAS

VOCABLOS

AMAZONA
Es una mujer montada a caballo.

Las mujeres montadas a caballo participan en algunas variedades que dan lucimiento a los rodeos.

BECERRO, NOVILLO
Son crías de las vacas, de dos o tres años de nacido. La diferencia entre ellos es que el becerro esta domesticado y el novillo no.

BRONCO
Dicho de un caballo sin domar.

CAPOT
Palabra francesa cuyo significado en español es capucha.

MADRINA
Uno de sus significados se refiere a una yegua que sirve de guía a una manada de ganado caballar.

La madrina en un rodeo es un jinete con su cabalgadura, cuyo trabajo en la pista es respaldar el desempeño de los vaqueros en las disciplinas que lo requieran y ofrecerles protección en momentos de peligro.

PRETAL
Correa o faja que, asida por ambos lados a la parte delantera de la silla de montar, ciñe y rodea el pecho de la cabalgadura.

JUECES

Los jueces son importantes figuras en el rodeo. Entre sus principales tareas están:
- Hacer cumplir las reglas
- Ser justos
- Fomentar buenas relaciones sinceras con colegas, concursantes, empresarios y público
- Preocuparse por el crecimiento de los competidores

Juez de bandera: Indica la terminación de una faena a los tomadores de tiempo, con el movimiento de una bandera.

Juez de barrera: Registra los castigos e infracciones ocurridas en la barrera.

Juez tomador de tiempo. En algunos lugares es el que se encuentra del lado del cerrojo del cajón (barrera). Será el encargado de tomar el tiempo en el jineteo de toros.

Los jueces tienen autoridad para retirar personas que interfieran en la competencia.

Otras autoridades que contribuyen a la disciplina y al buen desarrollo del espectáculo son:

Director de arena. Dirige la entrada y salida ordenada de los competidores.

Capataz. Impone el reglamento en el ruedo.

Jefe de pista. Otra manera de nombrar al encargado del orden en la pista.

Madrinas. Contribuyen a mantener el orden en el terreno y auxilian a los vaqueros en situaciones de peligro.

Las reglas y autoridades pueden variar de un país a otro.

Los vecinos Noel (Chachi) García Mateo y Gerencio Guillama Ramos se han destacado como jueces, participando en numerosas competencias.

Chachi fue reconocido como mejor juez dos años consecutivos en las ferias agropecuarias de Sancti Spiritus, en 1988 y 1989.

VARIEDADES

Es un espectáculo en el que se alternan números de diverso carácter. Son parte importante en las fiestas de rodeo.

ESCARAMUZA CHARRA

Evento femenino en la charrería mexicana. Consiste en un equipo de mujeres a caballo, adornadas con ropa, sombreros y accesorios tradicionales mexicanos. Montadas a caballo a la mujeriega[4], realizan maniobras con sus cabalgaduras acordes con la música. El equipo consiste de dieciséis mujeres; pero solo ocho de ellas participan en cada maniobra coreográfica.

Las coreografías más representativas de las escaramuzas, a galope o a trote ligero, son: el abanico, la coladera, el combinado, la escalera y la flor.

El deporte se inspiró en las *adelitas* mexicanas, mujeres soldados que pelearon en la revolución mexicana que comenzó en 1910.

CARRERA DE BARRILES

Esta variedad es competitiva y consiste en que un jinete en su cabalgadura corre alrededor de tres barriles vacíos dispuestos triangularmente, con una separación establecida, describiendo en su trayectoria una figura en forma de hoja de trébol de tres folíolos. La calificación depende del tiempo y la ejecución. La caída de barriles se penaliza con tiempos adicionales.

---

[4] Dicho de cabalgar: Sentarse en la silla con las piernas en un mismo lado de la montura, y no a horcajadas.

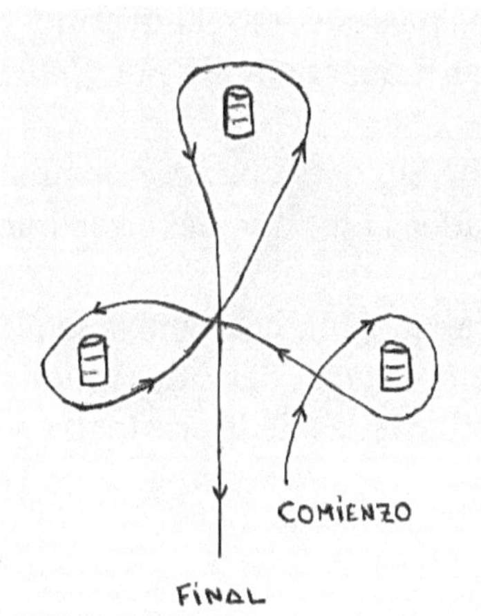

RECORRIDO APROXIMADO DE LAS CORREDORAS DE BARRILES

En algunos países participan mujeres y hombres; pero en Cuba la ejecutan principalmente mujeres.

María González y Deisy Mesa de Armas fueron las amazonas que representaron a la empresa pecuaria Bacuranao y a Campo Florido en esta especialidad, en la década 1970.

DEISY MESA DE ARMAS. 1978

CORTE Y APARTE

Considerado en algunos países como un deporte. Se trata de un jinete sobre un caballo especializado, conocido por *Cuarto de milla* (*).

La faena consiste en que el jinete cortador, mediante el uso de la rienda, le indica al caballo cortador la res que debe separar del rebaño.

Reconocida la res, el caballo con las riendas totalmente sueltas, toma solo el control de la operación que debe durar dos minutos y treinta segundos, debiendo apartar la res de las restantes y mantenerla en el centro de la pista.

CORTE Y APARTE EN ACCIÓN

Durante la operación el caballo bloquea el camino de la res mediante giros rápidos y paradas difíciles, capaces de superarla. Los buenos jinetes cooperan con el contacto de sus piernas al esfuerzo del caballo.

Cuando el jinete retoma las riendas indica al caballo que la ejecución ha terminado.

Esta elegante y difícil disciplina es considerada una variedad (no faena) de rodeo en Cuba. Armando Sánchez Pérez, vecino de Campo Florido, la ejecutó numerosas veces.

(*) El caballo *Cuarto de Milla* es un animal fuerte y musculoso, llega a medir entre 142 y 163 centímetros y alcanza un peso entre 431 y 544 kilogramos.

Exhibe pecho grande, grupa redonda, cabeza pequeña de perfil recto, con orejas cortas y móviles.

El término Cuarto de Milla por el que se le conoce, significa que su línea de meta suele estar a 402 metros, longitud que equivale a un cuarto de milla. Su velocidad máxima es 88 kilómetros por hora.

FLOREO DE LAZO

Florear es adornar con flores. Ni el verbo florear, ni el sustantivo floreo tienen relación con una cuerda llamada lazo, utilizada para enlazar y sujetar toros, caballos y otros animales; pero quizás alguien encontró gracia y adornos en los movimientos y formas que tomaba el lazo de un vaquero diestro al enlazar sus animales y les llamó *floreo*.

El floreo de lazo es una variedad en el rodeo que consiste en hacer numerosos movimientos con el lazo que exigen destreza y concentración, para lograr una presentación artística interesante.

El floreo se originó en Los Altos de Jalisco, región oriental del estado mexicano Jalisco, a finales del siglo XVIII, según una fuente.

El campesino Juan Chávez tenía mucha habilidad para lazar y lo hacía con elegancia y sin lastimar a los animales. Lanzaba el lazo de tal manera que en ocasiones lo hacía regresar una o dos veces sin que se cerrara, destreza no vista antes, por la que se le considera el precursor.

Con los movimientos de los lazos se realizan más de veinte figuras, entre las que están la polka en fuga, la tarabilla, la crinolina, la espina, el abecedario y las mariposas.

El floreo de lazo se presenta en los rodeos estadounidenses con sus nombres particulares.

"Texas Skip". Salto de Texas. El lazo se desplaza de un lado a otro del ejecutante, obligándolo a saltar para que continúe el movimiento.

FLOREO DE LAZO "SALTO DE TEXAS"

"Kansas Tornado". Tornado de Kansas. El lazo se desplaza de abajo-arriba y de arriba-abajo, alrededor del ejecutante.

CÉSAR TORRES LEÓN. FLOREO DE LAZO "TORNADO DE KANSAS". ESPAÑA. 1997

Los floreos se realizan con mayor o menor velocidad en tierra firme, de pie sobre un caballo, o montado a caballo.

ARMANDO SÁNCHEZ Y DORILA TORRES. FLOREO DE LAZO SOBRE UN CABALLO. CAMPO FLORIDO. NOVIEMBRE 30, 1958

Hay un floreo donde se usa un lazo de diámetro inferior a los anteriores, con movimientos alrededor del cuerpo y pegados al mismo. Hay otro en que el ejecutante entra y sale del lazo cuando este se encuentra bajo y paralelo al piso.

Hay diferentes tipos de sogas, lazos o reatas, según su constitución: lazos de manigua, lazo denominado *yema costarricense* y las reatas de maguey, de uso obligatorio en algunas charrerías mexicanas.

Jorge Barrameda Morejón, de Victoria de Las Tunas, es considerado el mejor artista de *floreo* de Cuba hasta el presente. Una referencia anota que se destacaba porque en algún momento de su presentación usaba cuatro lazos a la vez: uno en cada mano, otro en la boca y un cuarto movido por una pierna. Ejecutaba su acto parado en el suelo y sobre la silla de su caballo. Fue campeón mundial en ese arte en la década de 1950.

Yohan Araque Raya, joven de Sancti Spiritus ha tenido excelentes resultados en el floreo de lazo. Ganó el primer lugar en la clasificación de 2009 y lo seleccionaron para integrar el equipo Cuba.

Armando Sánchez Pérez y Dorila Torres Acosta se destacaron en las décadas de 1950, 1960 y 1970, en Campo Florido.

César Torres León es el artista más sobresaliente de esta especialidad en las últimas décadas, en Campo Florido.

ACROBACIA

El destacado acróbata ecuestre Popy Cros visitó Campo Florido numerosas veces y fue muy querido y aplaudido en los rodeos que allí se celebraron durante las décadas 1950 y 1960.

María Castro perteneció al equipo de la empresa pecuaria Bacuranao e integró el equipo provincial en la década 1970, logrando excelentes resultados en sus presentaciones.

MONTA EN LA NUCA DE UN TORO

Esta actuación no competitiva consiste en sentarse sobre la nuca de un toro en sentido contrario a la marcha de la bestia.

Olga Sosa Peña y Erundino Pérez Hernández, una hembra y un varón, dos adolescentes del barrio, fueron los máximos exponentes de esta modalidad conocida por *capot*, en las décadas 1950 y 1960, en Campo Florido.

En sus temerarias presentaciones individuales, ocupando y ocultando la nuca del toro como una capucha, compartían la escena con un jinete montado sobre la bestia.

Una referencia anota que Los Comiches, un grupo de exhibición en rodeos de la provincia Guanacaste, Costa Rica, practican esta categoría vaquera.

PASO DE LA MUERTE

En algunos lugares es considerado una faena; pero en Cuba es una variedad no competitiva. Consiste en que un caballo bronco sale de la barrera escoltado por una o dos madrinas. Inmediatamente se acerca por detrás un jinete en su caballo y las madrinas le dan paso para que salte sobre el bronco y se mantenga a pelo sobre su lomo, sosteniéndose solamente agarrado a las crines del salvaje. La exhibición o faena concluye cuando el jinete es derribado o se desmonta por sí mismo, después de transcurridos los tres minutos disponibles para la ejecución completa.

PAYASOS

El payaso de rodeo es una figura importante en la cita.

Originalmente los payasos ofrecían entretenimiento en los intermedios y actuaban en las sesiones de monta de toros, auxiliando a los vaqueros de las embestidas, mediante movimientos y gritos que llamaran la atención de las bestias.

Hoy existen varios tipos de payasos de rodeos, agrupados en dos categorías.

Payasos barrileros o barqueros

Son los animadores; los que ofrecen humor. Salen a la pista con maquillaje y vestidos de payaso. Actúan solos y el éxito de su actuación descansa en su talento y su creatividad para entretener al público.

Dentro de esta categoría, hay unos que se visten y maquillan como payasos; pero desarrollan su genio burlándose, esquivando las embestidas y corriendo delante de los toros, para meterse a veces en un barril de acero acolchado interiormente, que el toro mueve con sus cuernos. El uso del barril les dio el nombre.

Hay otros que trabajan con novillos, burlándose y esquivando sus cornadas. Unas veces enfrentan a la bestia y cuando les viene encima saltan sobre ellas, dejando que pasen; otras veces, le dan la espalda y cuando la sienten cerca saltan por encima de ella, dejándola pasar. Un número que gana muchos aplausos es enfrentarse al novillo y cuando viene la embestida saltan y dan una vuelta por encima de él.

Estos payasos barrileros son temerarios y exhiben mucho talento, agilidad y reflejos.

Payasos toreros

Son los protectores de los vaqueros. Generalmente son tres o cuatro, trabajando en equipo. Usan ropa ancha y brillante; pero el uso de maquillaje y equipo de protección depende de los lugares donde actúen. Muchos de ellos están asociados en organizaciones profesionales.

Su trabajo se destaca durante la sesión de monta de toros, ayudando a los vaqueros derribados y a los que aun después de derribados quedan colgados de la bestia, porque su mano o alguna de sus piernas está atrapada por las cuerdas que rodean al animal.

Estos payasos se enfrentan al toro que patea y brinca sin cesar, para distraerlo y alejarlo del vaquero derribado. Cuando el jinete queda colgado, los payasos se suben a la bestia por un costado y tratan afanosamente de zafar la mano atrapada por la cuerda.

Estos payasos son temerarios. Confiados en su agilidad y reflejos exponen sus vidas para auxiliar a los vaqueros en peligro. Son considerados atletas de protección de rodeo.

El vecino Roberto (Tico) Pérez Ponce se ha destacado en esta categoría, teniendo actuaciones sobresalientes en rodeos locales, nacionales y en el extranjero.

ANIMALES AMAESTRADOS

Armando Sánchez Pérez, se destacó por sus actuaciones con caballos amaestrados en rodeos locales durante las décadas 1950 y 1960, y después en eventos provinciales y nacionales en las décadas siguientes.

Arturo Suárez Villasuso comenzó sus primeras presentaciones con un buey amaestrado en la década 1990, en Campo Florido, y posteriormente se vinculó con las variedades de rodeo en giras provinciales y nacionales.

FAENA, DISCIPLINA, EVENTO

Estos tres términos se usan como sinónimos para referirse a las diferentes tareas que ejecutan los vaqueros con los animales en la pista. Las faenas son competitivas y no competitivas.

FAENAS COMPETITIVAS

MONTA DE TOROS

Los antiguos minoicos[5], habitantes de la isla griega Creta, al sur del mar Egeo, en el mar Mediterráneo, practicaban la monta de toros, entre otras diversiones con animales.

Esta faena nunca formó parte del quehacer cotidiano de los vaqueros. Es probable que se le haya ocurrido a un vaquero temerario en un día de descanso aburrido; también puede haber sido idea de un empresario de rodeos, para darle más expectativas a sus espectáculos. Cualquiera que fuera su origen, las razones y su creador, no se dispone de referencias que lo aclaren.

Este deporte se hizo popular; pero la falta de reglas en su ejecución hizo que muchos vaqueros se quejaran al empresario de rodeos William Johnson acerca del dinero del premio que se ofrecería durante una función celebrada en el Boston Garden Rodeo, en 1936. Los vaqueros enojados fundaron la Cowboy's Turtle Association (*Asociación de Tortugas Vaqueras*, nombradas así "porque eran lentas para organizarse; pero al final sacaban la cabeza"), que nueve años después se convirtió en Rodeo Cowboy's Association. Tomó el nombre Professional Rodeo Cowboy's Association en 1975 y posteriormente lo cambió para Professional Bull Riders, que es la más alta autoridad de rodeo en los Estados Unidos.

---

[5] La civilización minoica floreció en el período 3000-1450 aC. Después comenzó a declinar hasta su desaparición alrededor de 1100 aC. (aC- antes de Cristo)

Toros de la raza Plummer, cuidados especialmente para esta disciplina en los Estados Unidos, son considerados atletas y calificados durante la competencia como se procede con los vaqueros, según una referencia. Hay reglas que velan por su bienestar y prohíben su maltrato: no se usan espuelas con filo, ni choques eléctricos, ni fustas, añade la fuente. Sin embargo, en la misma referencia hay una fotografía donde aparece uno de esos toros de monta con una correa rodeando su cuerpo cerca de las patas traseras.

Los preparativos para la monta se hacen dentro del cajón. El toro se rodea de dos cuerdas, una delantera, cerca de las patas, y otra posterior, cerca de las patas traseras, que servirá para promover los saltos de la bestia. La faena consiste en sentarse sobre el lomo del toro, sujetarse con una mano de la cuerda anterior, dejando la otra mano libre, que no debe tocar el animal en ningún momento. Desde la salida a la pista, el jinete debe permanecer más de ocho segundos sobre el toro sin soltar la cuerda que lo sujeta, y si lo espolea durante ese tiempo, puede aumentar su calificación.

JORGE LUIS MARTÍNEZ ROSA. MONTA DEL TORO "LA BOMBA". DICIEMBRE 11, 1978

35

Es práctica corriente en algunos lugares que tres jueces califiquen la ejecución: uno junto al corral para testificar que el toro está en condiciones óptimas, y otros dos para las patadas y saltos del animal y el rendimiento del competidor en la prueba. Se califica la intensidad y grado de dificultad de los desafíos del toro así como el control, coraje y técnica del vaquero.

Esta faena siempre se ha presentado en todos los rodeos celebrados en Cuba desde el inicio.

DERRIBO DE RES A MANO

El novillo sale a la pista acompañado de una madrina para guiar su trayectoria y asegurar que corra en línea recta. El vaquero que compite se le acerca a caballo por el otro lado y se lanza sobre él, agarrándole los cuernos y torciéndole el cuello para hacerlo perder el equilibrio y derribarlo. Este evento es muy riesgoso para el vaquero.

DERRIBO DE RES A MANO

Según unos autores la operación debe durar menos de treinta segundos; otros afirman que el límite es sesenta segundos, y una tercera referencia opina que dos minutos es el máximo de tiempo permitido.

Si el vaquero se adelanta al novillo en la salida se castiga con diez segundos.

Esta maniobra la inventó el vaquero estadounidense Bill Pickett (1870-1932) cuando tenía diez años y trabajaba con reses en Texas. La razón fue que a veces había mucha maleza alrededor del animal, el lazo se enganchaba y era muy difícil atraparla.

Años después, respaldado por una publicidad sensacionalista hizo una exhibición en Cheyenne Frontier Days, un parque de rodeo al aire libre, en la ciudad Cheyenne, Wyoming, Estados Unidos, en 1904.

ORDEÑO DE VACA SALVAJE

Participan dos vaqueros. La vaca se encuentra en la pista. Uno la enlaza y el otro la ordeña de pie.

Una fuente señala que la faena debe durar menos de un minuto y otra agrega que el máximo de tiempo concedido son dos minutos.

ENLACE Y AMARRE DE TERNERO

El ternero sale a la pista escoltado por una madrina para que no se desvíe. Un vaquero a caballo se le aproxima por el otro lado para enlazarlo, bajarse del caballo y dirigirse a él; voltearlo y amarrar tres de sus patas para que quede inmóvil. La operación debe durar menos de 25 segundos.

Si el vaquero se adelanta al novillo en la salida, se castiga con diez segundos, según una referencia.

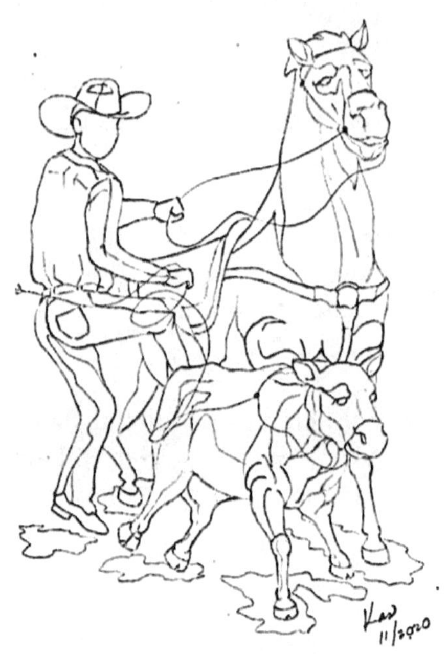

ENLACE Y AMARRE DE TERNERO

FAENAS NO COMPETITIVAS

COLEO

La res sale acompañada de una madrina para guiar su trayectoria en línea recta. Del otro lado se acerca un vaquero a caballo, agarra la cola del animal y tira fuertemente de ella para hacerlo perder el equilibrio y que caiga al suelo.

MONTA DE CABALLO CON MONTURA

Considerada por algunos como una prueba clásica de rodeo. Consiste en jinetear un caballo bronco, provisto de silla, estribos y rienda.

Un animal que patea alto y fuerte, y un espoleo constante, con ritmo y control, dan más puntos a la monta.

Es parecida a la monta de toros. Mientras el caballo da brincos y patea, el jinete debe permanecer sentado como mínimo ocho segundos sin tocar el animal.

Conocida también por Monta de bronco con montura.

MONTA DE CABALLO CON PRETAL

El jinete se monta a pelo sobre un caballo bronco que brinca y patea, sujetado con una mano a una cuerda llamada pretal, que se coloca alrededor del animal, cerca de las patas delanteras. La otra mano queda libre, sin tocar nada.

Es parecida a la monta de toros. El jinete debe espolear al caballo en cada brinco y permanecer montado al menos ocho segundos.

Conocida también por Monta de bronco con pretal.

ORLANDO MONROY. MONTA DE BRONCO. CAMPO FLORIDO. NOVIEMBRE 30, 1958

LAZO DOBLE

Participan dos vaqueros. Uno enlaza los cuernos del novillo y el otro las patas traseras. La pareja que lo haga en menor tiempo es la ganadora.

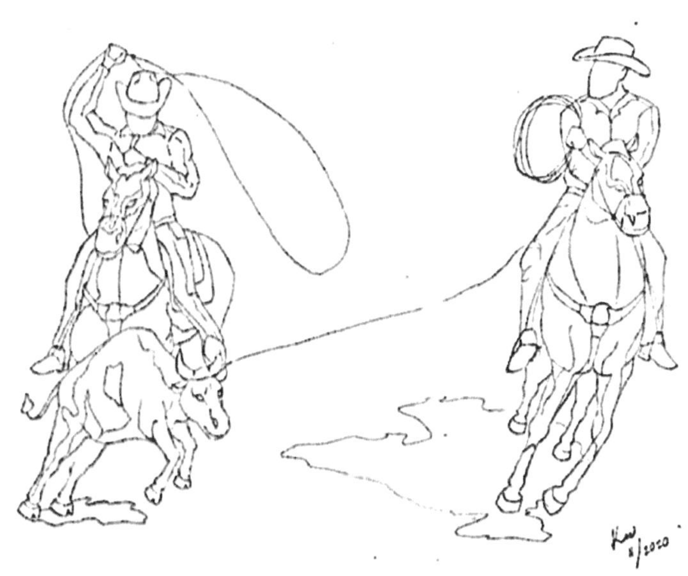

LAZO DOBLE

CAPÍTULO 3

RODEOS EN CAMPO FLORIDO

No existe un caballo que no pueda ser montado.
No existe un vaquero que no pueda ser tirado.
Vaquero anónimo

PRIMERA ETAPA. VARIAS PISTAS. DÉCADAS 1940, 1950 Y 1960
Los primeros rodeos en Campo Florido se realizaron en los corrales del matadero, en los años finales de la década de 1940. Eran organizados por los propios trabajadores del matadero, con reses destinadas al sacrificio y con el deseo de divertirse, siendo su principal promotor un trabajador conocido por *Perejil*. Cuentan que toreaba a mano limpia y que una vez colocó una cama de metal vieja en la pista y se acostó a esperar a que saliera el novillo.

RODEO EN UN CORRAL DEL MATADERO DE CAMPO FLORIDO

En las presentaciones de los corrales del matadero acompañaron a *Perejil* un vecino de San Miguel de Casanovia nombrado Arcadio; Juan

Mesa, de Santa Fe, y Yeyo El Cojo y Juan Cabilla, ambos del barrio habanero Luyanó.

Durante la década de 1950, la diversión se trasladó a un solar de la finca El Ateje, cercano al arrendamiento del vecino Guillermo (Tatica) Brito, cerca del camino de La Chumba y la carretera a Guanabacoa.

Fue allí, a principios de la década, donde la adolescente Olga Sosa Peña, conocida por *Olga la de María Julia*, de 13 o 14 años de edad, se sentó en la nuca de un toro que montaba *Perejil*. La temeridad de la muchachita fue un acontecimiento inesperado que causó probablemente un gran asombro en los espectadores.

La diversión se repitió en varias localidades vecinas hasta que *Perejil* marchó al extranjero en 1955.

Vaqueros de Campo Florido estuvieron en un rodeo en Celimar en 1957.

ARMANDO SÁNCHEZ PÉREZ. FLOREO DE LAZO SOBRE UN CABALLO. CELIMAR, 1957

La siguiente cita de los campo floridenses aficionados al rodeo fue en el central Hershey, en 1958.

ORLANDO MONROY. MONTA DE TORO. HERSHEY. 1958

VAQUERO. MONTA DE BRONCO. HERSHEY. 1958

ARMANDO SÁNCHEZ, DORILA TORRES Y ANDRÉS SÁNCHEZ. CABALLO AMAESTRADO.
HERSHEY, 1958

En algún momento de esta etapa se usó el producto químico disulfuro de carbono[6] para estimular la actuación de los animales de monta. Se rociaba el producto con una jeringuilla sobre el animal en el momento de abandonar el corral con el jinete encima, provocándole giros y saltos. Se desconoce quien tuvo la ocurrencia de usarlo; pero los adolescentes de entonces, conocedores del recurso, gritaban *"échenle misifuro"* cuando los pobres animales no respondían a los estímulos de las espuelas.

Transcurría el año 1958 cuando a Orlando Monroy se le ocurrió la idea de celebrar un rodeo en la plazoleta del paradero de trenes, para promover esas fiestas vaqueras en Campo Florido; pero al comentarla con Armando Sánchez Pérez, este le sugirió que tratara de hacerlo en el terreno de pelota, cerca de la línea del ferrocarril, en la finca El Ateje. Monroy consiguió el permiso y con la colaboración de Sánchez Pérez, ambos se dedicaron a organizar el evento.

- Se vendieron mil entradas a cuarenta centavos cada una y se agotaron.
- Ramoncito de la Noval González donó unas tablas de palmas para los corrales y pistas.
- Nicodemo Ruiz Ruiz prestó los toros.
- Se compraron los terneros.
- Se alquilaron los caballos a Angelino González.
- Se alquilaron los servicios de un altavoz de Jaruco.
- Valentín Pérez Magadán trasladó los animales mediante la rastra del ganadero José Manuel Rodríguez Hernández.
- Nelson Linares Pérez consiguió las banderas del colegio Newton, de Guanabo Playa, para la inauguración del evento.

José (Pepe) del Valle, director de pista y juez internacional, acompañado del periodista Zayas, narrador de rodeos, se presentaron en el terreno días antes. Se informaron de todos los preparativos, inspeccionaron el lugar, hicieron algunas indicaciones y respaldaron el evento.

---

[6] Líquido amarillento con olor desagradable, usado en la mayoría de los procesos industriales. Se evapora a temperatura ambiente y provoca irritación cutánea, además de otras propiedades perjudiciales.

A los vaqueros y variedades locales se sumaron destacados visitantes entre los que estaban el acróbata Popy Cros, los vaqueros Charolito, Enrique Valenzuela, Alberto (o Roberto) Roque, José (Pepe) Suárez, Gustavo Rodríguez, Pedro Ruiz y Chiquitico. Actuaron como *madrinas* Antonio (Nene) Hernández, Félix Díaz y Amable Santana.

El patronato de las Ferias Ganaderas de Rancho Boyeros ofreció un trofeo y el Club de Contadores, de Santa María del Mar concedió otro por petición del vecino Fructuoso (Toso) Castillo Hernández, residente en La Habana.

RODEO EN CAMPO FLORIDO. INAUGURACIÓN. NOVIEMBRE 30, 1958

ACRÓBATA POPY CROS. CAMPO FLORIDO. NOVIEMBRE 30, 1958

ORLANDO MONROY. MONTA DE BRONCO. CAMPO FLORIDO. NOVIEMBRE 30, 1958

ARMANDO SÁNCHEZ. CABALLO AMAESTRADO. CAMPO FLORIDO. NOVIEMBRE 30, 1958

Armando Sánchez Pérez, premiado por sus presentaciones con su caballo amaestrado y el manejo del lazo recibió un trofeo, entregado por Francisco Valle, presidente de la sociedad Liceo, de Campo Florido.

ENTREGA DEL TROFEO A ARMANDO SÁNCHEZ. CAMPO FLORIDO. NOVIEMBRE 30, 1958

El vaquero Chiquitico ganó también un trofeo por sus habilidades en las disciplinas realizadas. El juez José del Valle le entregó el galardón.

ENTREGA DEL TROFEO A CHIQUITICO. CAMPO FLORIDO. NOVIEMBRE 30, 1958

Todo fue exitoso en el evento excepto la cantina que dio pérdida, debido a los compromisos que asistieron.

Perejil regresó de México en los primeros años de la década 1960 y en compañía de Popy Cros promovieron un rodeo en Campo Florido en el mismo terreno cercano al arrendamiento de Tatica Brito, en la finca El Ateje.

Testigos recuerdan un rodeo promovido por Popy Cros, celebrado en un terreno de la finca La Hilda, cercano a la carretera Campo Florido-Guanabo.

Un testigo menciona un rodeo promovido por Rolando Díaz Reyes, director de ferias ganaderas, en un terreno aledaño a la escuela primaria nueva de Tivo Tivo, en el lado oeste de la carretera Campo Florido-Jaruco.

Las transformaciones de todo tipo comenzadas por la revolución en 1959 y continuadas por el gobierno, cambiaron la manera de promover rodeos en el país.

Los cambios comenzaron en Campo Florido en la segunda mitad de la década 1960, cuando fue declarado municipio, perteneciente al Regional San José de las Lajas. Su extensión territorial creció mucho, incorporando los poblados Minas, La Gallega, Barrera, Bacuranao (puente), Santa Fe y Peñalver.

El municipio Campo Florido colindaba por el norte con Guanabo Playa, por el sur con Tapaste, por el este con Jaruco, y por el oeste con Guanabacoa.

Una delegación de la empresa pecuaria estatal nombrada Bacuranao, encargada del control y administración de la masa ganadera en el territorio de Campo Florido y más allá de sus límites administrativos, comenzó a promover los rodeos, facilitando las cercas de alambre (llamadas *tela de cochino*), los postes y las cañas bravas para construir pistas portátiles. También facilitaba las reses para los eventos y construyó una pista de entrenamiento en los terrenos del antiguo matadero de Campo Florido, para que se prepararan los vaqueros que la representarían en el equipo provincial La Habana.

El primer rodeo nocturno de la historia se celebró en Preston, Idaho, Estados Unidos, en 1934, según referencias.

El primer rodeo con luces en Campo Florido, tuvo lugar en 1968, en el terreno de la finca El Ateje, lugar donde estuvo el cuadro de pelota y se llevó a cabo el rodeo de noviembre de 1958.

Los vaqueros y artistas de variedades en los rodeos de Campo Florido más conocidos de este periodo, según testimonios, fueron:

Perejil. Conocido por este nombre, sin saber las razones. Era vecino de Luyanó, La Habana; trabajador del matadero y promotor de rodeos. Su nombre era Gilberto y es probable que sus apellidos fueran Pérez Gil, cuyo sonido creó el sobrenombre por el que se le conocía. Montaba toros y toreaba.

Orlando Rodríguez Delgado, conocido por Orlando Monroy. Montaba toros y broncos, y realizaba otras disciplinas del rodeo.

José Antonio Hernández, conocido por Coto. Montaba toros y broncos, y realizaba otras disciplinas del rodeo. Participó en rodeos de Ciudad Trujillo (hoy Santo Domingo), en la república dominicana.

Antonio Saurí Alfonso y Heriberto Díaz Benítez. Montaban toros.

Olga Sosa Peña *(Olga la de María Julia)* y Erundino Pérez. Se sentaban sobre la nuca del toro, en sentido contrario a la marcha de la bestia, variedad conocida localmente por *capot*.

Armando Sánchez Pérez y Dorila Torres Acosta. Trabajaban con animales amaestrados, y realizaban movimientos artísticos con el lazo (le llamaban *floreo de lazo*) y otras variedades.

54

CAPÍTULO 4

DE AFICIÓN A DEPORTE ORGANIZADO

Los caballos pueden ser más fáciles de amar que los humanos.
Vaquero anónimo

SEGUNDA ETAPA. PISTA LA COCA. DÉCADAS 1970 Y 1980

En esta etapa aumentó la afición de los jóvenes al rodeo como deporte. Los principales promotores en el territorio fueron los vaqueros Orlando Monroy y Coto y el activista Noel García Mateo, conocido por Chachi, vecinos de Campo Florido, y Camilo Moreno y Evelio Peñate, de Bacuranao, que enlazaban terneros y actuaban como *madrinas*.

Las delegaciones ganaderas del gobierno se propusieron formar los equipos provinciales de vaqueros. La selección se hizo durante la celebración de una feria agropecuaria en Rancho Boyeros. De trescientos aspirantes se seleccionaron veinticinco vaqueros para representar a la provincia, y de ellos la mayoría (13) pertenecía a la empresa pecuaria Bacuranao.

El estadio de rodeo del parque Lenin se inauguró el sábado 24 de julio de 1971, con una función a las tres de la tarde y dos funciones el día siguiente, a las diez de la mañana y a las tres de la tarde. Participaron vaqueros de esta empresa pecuaria.

Con el propósito de organizar los rodeos, se crearon seis equipos, uno por cada provincia aproximadamente en 1972.

También comenzaron cursos para jueces, bajo la dirección de Lino Curiel Vega. Juan Álvarez Pedregal (conocido por Cabuya) se destacó como juez de competencias de rodeo en La Habana.

Para promover rodeos, la Unidad Funcional Agropecuaria (UFA) conseguía los materiales y el Centro Nacional de Ferias Agropecuarias (CENFA), del Instituto Nacional de Reforma Agraria (INRA) respaldaba con animales.

Hubo numerosos rodeos en el territorio con pistas portátiles: en Santa Bárbara (en dos lugares diferentes), La Chumba, Minas (en un terreno cercano al edificio de la sede de la empresa), La Gallega (en la pista fija El Rodeo), Barrera, Guanabo Viejo y Peñas Altas (cerca de la terminal de ómnibus de Guanabo Playa).

Un testigo recuerda que en 1972 se celebró un rodeo en el conocido terreno de la finca El Ateje, donde se celebraron los de 1958 y 1968. La electricidad se tomó del domicilio de Vasallo Malvares. Desafortunadamente se cayeron las gradas; pero no hubo lesionados graves.

Rolando Díaz Reyes, de San Antonio de los Baños, dirigía las ferias ganaderas en la provincia La Habana. Berto Reina, de Matanzas, lo sustituyó en 1974 y ese mismo año se reestructuró el equipo provincial. Los vaqueros entrenaban en la pista El Rodeo, de La Gallega, con animales suministrados por la empresa pecuaria.

Por iniciativa de Abel Echevarría Martínez, director del Centro Nacional de Capacitación Técnica (CENACTE), cuya sede se encontraba en la finca La Coca, se hizo una pista de rodeo cerca de una antigua intersección de caminos conocida por *Tres caminos de La Chumba,* en el periodo comprendido entre los años finales de la década 1970 y los primeros de la década 1980. También se construyó un cabaret.

RODEO EN LA COCA. INAUGURACIÓN. MAYO 16, 1988

RODEO EN LA COCA. INAUGURACIÓN. MAYO 16, 1988

RODEO EN LA COCA. INAUGURACIÓN. MAYO 16, 1988

RODEO EN LA COCA. INAUGURACIÓN. MAYO 16, 1988

Vaqueros de esta etapa asistieron a rodeos en El Cano, Guanabo Playa y el reparto D'Beche, en Guanabacoa.

Durante estos años se incorporaron nuevos vaqueros y se separaron otros.

VAQUEROS

Alarcón, Tomás *	Machín, Omar
Ávila Díaz, Eugenio *	Moreno, Camilo
Ávila Jiménez, Abilio *	Peñate, Evelio *
Cruz, Rolando *	Pérez Núñez, Nancy
De la Fe Corona, José Ramón *	Pérez Rolo, José Ángel (Cuquito)
Echenique Alfonso, Gabriel	Rodríguez, Gustavo *
Falcón, Jorge	Rodríguez, Luis
Fernández, Juan *	Rosa Mesa, Juan *
Fernández, Leopoldo *	Ruiz, Alcides *
Fernández, Sixto	Ruiz, Pedro
Ferrera Medina, Mario	Torres Delgado, Andrés
Guillama Ramos, Gerencio	Torres Delgado, Gilberto
López, Basiliano	Trujillo Martínez, Abilio
López, Luis *	Urreta Monzón, José
López, Roberto *	Urreta Monzón, Miguel *

González, María *	Amazona
Mesa de Armas, Deisy *	Amazona, 1978
Castro, María *	Acróbata
García Mateo, Noel	Activista

PROTAGONISTAS DE LA SEGUNDA ETAPA

Todos los mencionados en el cuadro anterior pertenecían al equipo de la empresa pecuaria Bacuranao; pero además de Campo Florido, hay representantes de otras localidades: Tomás Alarcón procedía de la granja *Pepito Tey*; Rolando Cruz y María Castro, de la granja *El Caribe*; Jorge Falcón, de Barrera; Camilo Moreno y Evelio Peñate, de Bacuranao; Gustavo Rodríguez, de San Miguel de Casanovia, y Alcides Ruiz, de La Gallega.

*Integraron el Equipo Provincial desempeñando diferentes faenas:

Eugenio Ávila, Camilo Moreno y Evelio Peñate enlazaban terneros y actuaban como *madrinas* en la pista.

Abilio Ávila y Alcides Ruiz enlazaban y amarraban terneros. Abilio fue campeón nacional en esa disciplina aproximadamente en 1972 o 1973, por implantar un registro de nueve y medio (9.5) segundos.

Leopoldo Fernández se dedicaba a enlazar y amarrar terneros y derribar reses.

Luis y Roberto López se ocupaban de enlazar y amarrar terneros y ordeñar vacas.

Juan Fernández hacia monta de toro y derribo de res. Fue el primero en ejecutar el *Paso de la muerte* (conocido por otros como *monta de caballo salvaje a la greña*).

Tomás Alarcón, Rolando Cruz, Ramón de la Fe, Gustavo Rodríguez, Juan Rosa y Miguel Urreta realizaban monta de toro, derribo de res y ordeño de vaca.

Ramón de la Fe Corona, Juan Rosa Mesa y Miguel Urreta Monzón pertenecieron también al Equipo Nacional de Ferias.

Los vaqueros restantes solo montaban toros y algunos de ellos lo hicieron una sola vez para vivir esa experiencia o para complacer su curiosidad.

CAPÍTULO 5

EL FRUTO DEL TRABAJO

Confía en tu vecino; pero marca tu ganado.
Vaquero anónimo

TERCERA ETAPA. PISTA EL CAFETAL. DÉCADAS 1990 Y 2000
Los rodeos continuaban teniendo lugar en la pista La Coca. Noel (Chachi) García Mateo aprovechó la celebración de uno de ellos para organizar un encuentro amistoso entre los vaqueros de los equipos provinciales pasado y presente.

Los vaqueros de Campo Florido visitaban otras localidades.

El Centro de Capacitación Técnica (CENACTE) en la finca La Coca desapareció y sus instalaciones las ocupó la Empresa de Cultivos Varios, que fomentó el sistema hidropónico de cultivos, trayendo como consecuencia la destrucción de la pista y la decadencia del rodeo, a finales de la década 1980.

Siendo empleado de la empresa pecuaria Bacuranao, con experiencia como director de equipos de rodeo y juez en competencias provinciales, Chachi trató de construir una pista al final de la calle Lazo, en Muela Quieta, colindando con Tivo Tivo, pero todo fue un fracaso por falta de respaldo, excepto la animosa colaboración del vecino Francisco Díaz Febles, un trabajador agropecuario que había sido reconocido con la distinción de héroe nacional del trabajo.

Chachi continuó trabajando a pesar del revés y consiguió una pista portátil para celebrar un rodeo en la finca La Hilda, delante del polígono militar que allí había; en el camino hacia el basurero local, del lado oeste de la carretera Campo Florido-Guanabo. Antonio María Delgado Barcelo, delegado del Poder Popular en Campo Florido lo respaldó y el espectáculo se realizó aproximadamente en el periodo 1988-1990.

Este rodeo fue el escenario de otro hecho significativo protagonizado por mujeres en la historia del deporte en el barrio, porque la vecina Nancy Pérez Núñez montó por primera vez un toro, acción valerosa que probablemente causó la admiración de los presentes.

NANCY PREPARÁNDOSE EN EL CAJÓN PARA SALIR

Nancy era una jovencita y temeraria enfermera de veintitrés años cuyo propósito era demostrar que ese deporte no era exclusivo para hombres y que las mujeres también podían montar un toro si se lo proponían. Ella recibió las indicaciones de sus compañeros de faenas, que la apoyaron en todo momento.

NANCY PÉREZ NUÑEZ. MONTA DE TORO. CAMPO FLORIDO. 1990

Después de su primera c histórica actuación, Nancy montó toros en las pistas de Sancti Spiritus, San Nicolás de Bari, San José de las Lajas, y de El Cafetal, en Campo Florido, hasta sumar un total de siete veces.

Chachi continuaba con su deseo de construir una pista fija. Habló con Debasa, director de la empresa pecuaria Bacuranao y consiguió un terreno en la finca El Cafetal, de Campo Florido. Más tarde gestionó una pista portátil con Onelio Rodríguez, de San Antonio de los Baños, a quien se le hizo un reconocimiento en la sociedad Liceo, institución local que apoyó a Chachi en su empeño. El rodeo se celebró en 1991.

Después de este rodeo Chachi redobló los esfuerzos para establecer una pista fija en ese lugar, situado a la salida de Muela Quieta, frente a la finca Tivo Tivo, del lado oeste de la carretera Campo Florido-Jaruco.

A las gestiones de Chachi se sumaron Quirino Orestes Torres Acosta y muchos más colaboradores hasta terminar la obra que concluyó con electricidad instalada.

La pista se inauguró con la celebración de un rodeo y mil sesenta y dos entradas vendidas a dos pesos cada una, el 4 de abril de 1994.

Los días 15, 16 y 17 de diciembre de 1995 se celebró un certamen en la pista El Cafetal y el equipo de la empresa pecuaria Bacuranao quedó como integrante del equipo de la provincia Ciudad de La Habana.

Una feria agropecuaria funcionó en los alrededores de la pista El Cafetal los días 22, 23 y 24 de noviembre de 1996. Se rifó un puerco vivo y se recibió la visita del equipo local de rodeo de Canasí.

Se celebró un rodeo en la pista El Cafetal el 1 de octubre de 1998 y no se cobró la entrada por ser el día del trabajador agropecuario.

En el rodeo del 30 de mayo de 1999 en El Cafetal, con mil ciento cuarenta y cinco entradas vendidas, el público tumbó la cerca al subirse en ella.

Desde su inauguración hasta el 19 de agosto de 2001 se habían realizado cuarenta y siete rodeos, con veinticinco mil ochocientas nueve localidades vendidas.

Se dedicó un rodeo en El Cafetal a los trabajadores vanguardias de la empresa pecuaria Bacuranao, el 7 de octubre de 2001. No se cobró la entrada y asistieron más de cien personas.

Vaqueros de Campo Florido asistieron a un rodeo en Barrera el 6 de octubre de 1991; otro en Peñalver el 9 de diciembre de 1995 y estuvieron en la inauguración de la feria de invierno en el parque Lenin el 24 de diciembre de 1996. Participaron también en un rodeo en Santa Fe los días 1 y 2 de febrero de 1997, uno en Herradura (Pinar del Río) el 5 de marzo de 2000 y otro el 6 de mayo de 2000, en el estadio Quintín Bandera, de Guanabacoa.

JORGE LUIS MARTÍNEZ ROSA. MONTA DE TORO. BARRERA. OCTUBRE 6, 1991

Por la pista de El Cafetal pasaron los equipos de Escaleras de Jaruco, San José de las Lajas, parque Lenin, Santiago de las Vegas, Bauta, Caimito, Herradura (Pinar del Rio), Nazareno, Canasí, Pinar del Río y el equipo nacional con las escaramuzas.

La pista hospedó la carpa del circo nacional Fantasía desde el 23 hasta el 28 de febrero de 1999 y recibió a los actores del programa de la televisión *Pateando la lata* el sábado 17 de abril de 1999.

CIRCO NACIONAL FANTASÍA EN LA PISTA EL CAFETAL. FEBRERO 1999

VAQUEROS

Ávila Jiménez, Abilio (Padre)	López, Roberto *
Ávila Fernández, Abilio (Hijo) *	Macías, Juan
Alfonso Padilla, Jorge	Macías, Osmany
Andrade, Leovel	Martínez Rosa, Jorge Luis*
Brito, Ernesto	Martínez, Maiquel
Gómez Monzón, Nelson *	Pérez, Yusmany *
González, Osvaldo	Rivero, Dany *
González, Romelio	Rodríguez, Gustavo (Hijo)
Guillama, Gerencio (Hijo)	Rodríguez, Roberto (Hijo)
López, Basiliano	Saviñon, Armando
López, Luis *	Suárez, José Alberto

PROTAGONISTAS DE LA TERCERA ETAPA

En el equipo de vaqueros, además de Campo Florido, habían representantes de otras localidades: Leovel Andrade, de Arango; Osvaldo González y Roberto Rodríguez (Hijo), de Barrera; y Maiquel Martínez, de Tumba Cuatro.

*Integraron el Equipo Provincial desempeñando diferentes faenas.

Abilio Ávila Fernández, enlace y amarre de ternero.

Nelson Gómez, era vaquero completo, porque realizaba monta de toro, derribo de res, ordeño de vaca y enlace y amarre de ternero. Perteneció también al Equipo Nacional de Ferias. Participó como vaquero en la compañía "El Rodeo en su salsa", que tuvo presentaciones en Portugal y España en 1997.

Luis y Roberto López enlazaban y amarraban terneros y ordeñaban vacas.

Jorge Luis Martínez hacia monta de toro, derribo de res y ordeño de vaca.

Yusmany Pérez fue campeón de monta de toros de Occidente, región que comprendía las provincias Pinar del Rio, Habana, Ciudad de La Habana y el municipio especial Isla de la Juventud.

Los vaqueros restantes solo montaban toros y algunos de ellos, como en la etapa anterior, lo hicieron una sola vez para vivir esa experiencia o curiosidad.

VARIEDADES

Pérez Ponce, Roberto (Tico)	Payaso
Suárez Villasuso, Arturo	Animales amaestrados
Torres León, César	Floreo de lazo

PROTAGONISTAS DE LA TERCERA ETAPA

Roberto (Tico) Pérez Ponce actuaba como payaso en rodeos celebrados en España. En 1999 viajó a Cuba y llegó a Campo Florido en compañía de César Moreno, empresario español y promotor de rodeos en Europa con el espectáculo "El Rodeo en su salsa".

César Torres León en floreo de lazo y uso del látigo; el payaso Roberto (Tico) Pérez Ponce y el vaquero completo Nelson Gómez Monzón, los tres actuaron en la diversión vaquera "El Rodeo en su salsa", en presentaciones en Portugal y España en el periodo 1997-1999.

CÉSAR TORRES LEÓN. FLOREO DE LAZO "TORNADO DE KANSAS". ESPAÑA. 1997

CÉSAR TORRES LEÓN. VARIEDAD CON EL LÁTIGO. ESPAÑA. 1997

CÉSAR TORRES LEÓN. FLOREO DE LAZO "SALTO DE TEXAS". ESPAÑA. 1997

ANUNCIO.NELSON GÓMEZ MONZÓN. MONTA DE TORO. ESPAÑA. 1997

JUECES

Delgado, Humberto
García Mateo, Noel (Chachi)
Guillama Ramos, Gerencio (Padre)
Rodríguez, Roberto (Padre)

COLABORADORES

Alonso Ferrera, Gloria	Activista
Del Sol, Homero	Locutor
Fernández, Israel	Jefe de granja
González, Ramón	Locutor
González Romero, Rodolfo	*Madrina*
Ochoa Saurí, Rafael	Sonidista
Rodríguez, Gilberto	Jefe de granja
Sánchez Torres, Armando	Activista
Torres Acosta, Onelia	Activista
Torres Acosta, Orestes	Activista

PROTAGONISTAS DE LA TERCERA ETAPA

Además de los vaqueros, artistas de variedades, jueces y colaboradores que participaron directamente en los espectáculos de rodeo deportivo señalados en los cuadros anteriores, hubo otro grupo de personas que contribuyeron a la construcción de la pista de El Cafetal. Sus nombres aparecen en el cuadro siguiente.

Chávez, Raúl	Transporte de planchas para la cerca
Debasa y Rodolfo	Otorgaron el terreno
Delgado Delgado, José	Tractorista, transporte de materiales
Díaz, MartÍn	Funcionario del plan pecuario
Ferrera Barcelo, Jorge Luis	
Ferrera Bravo, Jesús	
González, Ramón	Transporte de arena
Izabaleta, Rolando	Corte de tubos
Moreno Cedeño, Antonio	
Osvy	Transporte de tubos
Papo y operador de motoniveladora	
Prieto Torres, Eduardo	Varillas para soldar
Rodríguez Delgado, Orlando (Monroy)	
Tony	Instalación eléctrica
Ulloa, Antonio	

COLABORADORES DE LA PISTA EL CAFETAL

La Sociedad Cubana de Vaqueros de Rodeos (SOCUVAR), adscripta a la Asociación Cubana de Producción Animal (ACPA) se fundó en 1996.

Noel (Chachi) García Mateo ocupó altos cargos en la SOCUVAR y fundó una filial en la empresa pecuaria Bacuranao.

Anadelio González Herrera sustituyó a Berto Reina como presidente de la SOCUVAR en agosto de 2001 y en octubre de ese año Chachi y Quirino Orestes Torres Acosta ocuparon la presidencia y la tesorería respectivamente, de su filial en la empresa pecuaria Bacuranao, cuyos objetivos serían los siguientes:
- Promover rodeos.
- Distribuir las utilidades: sesenta por ciento para la granja Campo Florido y cuarenta por ciento para la SOCUVAR.
- Cubrir todos los gastos de transportación y servicios recibidos.
- Administrar justicia mediante un grupo disciplinario compuesto por Chachi, Orestes, el jefe del equipo de vaqueros y un vaquero.
- Cubrir los gastos de la fiesta anual, dedicada a rendir cuentas del trabajo realizado y agasajar a los miembros de la sociedad y sus familiares.

El equipo de rodeo de la empresa pecuaria Bacuranao tenía animales para sus entrenamientos en la granja Campo Florido, en octubre de 2001. En esa fecha, bajo la dirección del destacado vaquero Nelson Gómez Monzón, se entrenaban niños de hasta trece años de edad, para integrar el equipo pioneril provincial y participar en un campeonato nacional previsto para el año 2002.

Abilio Ávila Fernández, Nelson Gómez Monzón, Roberto López, Maiquel Martínez y Yusmany Pérez, vaqueros de Campo Florido, del equipo de la empresa pecuaria Bacuranao, participaron en un campeonato nombrado Triangular Centro Occidente, celebrado en Colón, Matanzas, en diciembre de 2002.

Abilio Ávila Fernández, Romelio González, Maiquel Martínez y Yusmany Pérez estuvieron en el Campeonato Nacional Zonal Centro Occidente, celebrado en la misma ciudad el 25 de febrero de 2003.

FECHA	ENTRADAS	INCIDENCIAS
1994	2 782	
Septiembre 4	1 062	Inauguración
Noviembre 22	1 220	
Diciembre 12	500	
1995	4 242	
Febrero 27	637	Actuación de veteranos de rodeo
Marzo 25	896	
Mayo 28	564	
Agosto 22	261	
Noviembre 27	539	
Diciembre 15	249	Selección de equipo provincial
Diciembre 16	470	Idem
Diciembre 17	626	Idem
1996	4 395	
Febrero 11	416	
Marzo 30	710	
Junio 1	510	
Junio 29	421	
Noviembre 3	619	
Noviembre 22	290	Feria agropecuaria
Noviembre 23	412	Idem
Noviembre 24	1 017	Idem

RODEOS EN EL CAFETAL

75

FECHA	ENTRADAS	INCIDENCIAS
1997	3 986	
Marzo 15	940	
Abril 13	746	
Mayo 25	764	
Junio 29	376	
Julio 26	363	
Agosto 31	245	Llovió
Octubre 26	552	
1998	4 153	
Enero 18	410	
Febrero 13	340	
Marzo 29	715	
Abril 26	660	
Mayo 31	104	
Junio 28	451	
Agosto 2	225	
Octubre 1	748	Día del trabajador agropecuario
Diciembre 27	500	
1999	2 558	
Marzo 6	412	
Abril 18	518	
Mayo 30	1 145	Se cayó la cerca
Julio 18	483	

RODEOS EN EL CAFETAL

FECHA	ENTRADAS	INCIDENCIAS
2000	2 382	
Enero 9	725	
Febrero 19	600	
Abril 8	572	
Mayo 21	335	
Septiembre 3	150	
2001	1 311	
Mayo 20	720	
Julio 1	115	
Agosto 19	476	

RODEOS EN EL CAFETAL

Roberto Fano Viamonte, director del programa comunitario Tardes Culturales, se proponía organizar un simposio con el título "Vaqueros y rodeos en Campo Florido" y ofrecerlo a los vecinos en la estación vieja del paradero de trenes, sede de las presentaciones del programa. Habló con numerosos protagonistas y acordaron celebrarlo el domingo 14 de octubre de 2001, para conmemorar el 142 aniversario de la llegada del ferrocarril a Campo Florido, ocurrida el 10 de octubre de 1859, hecho histórico más importante de la localidad.

Orlando Monroy, uno de los principales protagonistas e invitado al evento, estuvo en el domicilio de Fano Viamonte la noche anterior, para hacer unos comentarios y añadir detalles a tener en cuenta en el simposio. Estaba contento y muy animado para participar.

El cadáver de Orlando fue encontrado en la zanja frente a la carpintería El Ocuje de la calle Maceo el día siguiente, precisamente el día fijado para la celebración del simposio. Su muerte, bajo investigación policial, causó mucha tristeza a sus amigos y conocidos, porque siempre fue un vecino bien llevado y respetuoso.

Fano Viamonte y el resto de los organizadores, afligidos también por la muerte de Orlando, decidieron posponer el simposio sin señalar fecha.

El simposio se celebró meses después en una presentación de Tardes Culturales en su sede del paradero, con el título "Vaqueros y rodeos en Campo Florido *ORLANDO MONROY IN MEMORIAM*". Noel (Chachi) García Mateo, José Ramón de la Fe Corona y Quirino Orestes Torres Acosta participaron en la discusión del tema y Roberto Fano Viamonte actuó como moderador.

Un grupo de niñas entregó diplomas a numerosos vaqueros y artistas de variedades destacados, al final del conversatorio.

El diploma dedicado a Orlando Rodríguez, conocido por Orlando Monroy, perdió a su destinatario.

Tardes Culturales y el
Consejo Comunitario de la Cultura
En el 142 Aniversario de la llegada del Ferrocarril a Campo Florido.

OTORGA EL PRESENTE

DIPLOMA

A: _____ ORLANDO RODRIGUEZ _____

Por su participación y apoyo en las actividades de Rodeo de Campo Florido.

__x__ Promotor   ______ Juez   ______ Payaso

__x__ Vaquero   ______ Variedad Artística   ______ Otros

______ Amazonas   ______ Acróbata

Dado en Campo Florido, a los 14 días de mes de Octubre del 2001.

Roberto Fano   Fredy Alfonso
Director de Tardes Culturales.   Promotor Cultural.

DIPLOMA A ORLANDO RODRÍGUEZ

La parte artística la animó César Torres León con figuras de floreo de lazo y después, en compañía de la modelo y vecina Madeleine Lugones, ejecutaron números con el uso del látigo.

La numerosa concurrencia se marchó satisfecha con el espectáculo ofrecido.

CAPÍTULO 6

CRUELDAD DE LOS RODEOS EN TODAS LAS PISTAS DEL MUNDO

Si no te has caído de un caballo,
entonces no has montado lo suficiente.
Vaquero anónimo

Una fuente afirma que el rodeo es el único deporte derivado de una industria. La opinión aparece probablemente al considerar que el rodeo nació de la industria ganadera de manera espontánea y desinteresada; por la iniciativa de vaqueros que deseaban entretenerse y pasar un buen rato.

Las habilidades cotidianas de los vaqueros eran enlace y amarre de novillos y la doma de caballos salvajes. Después se sumó el derribo de novillo a mano, por las razones ya explicadas. La práctica de estas faenas como entretenimiento en momentos de descanso marchaba bien; pero a alguien se le ocurrió la idea de incluir la monta de toros, ejercicio que no formaba parte de las tareas ordinarias de los vaqueros.

La inclusión de la monta de toros en las faenas de diversión fue probablemente lo que dio nacimiento al rodeo como espectáculo, del cual Buffalo Bill fue uno de sus primeros promotores, como se ha comentado.

El rodeo creado por los verdaderos vaqueros pertenece a la historia; desapareció y dio paso al rodeo deportivo. El rodeo como espectáculo es una industria en cualquier lugar del mundo donde se practique. Es un negocio; es una mercancía que produce ganancias.

Según una fuente, las nuevas generaciones de vaqueros que participan en las faenas de los rodeos no son vaqueros originales; sino en su mayoría jóvenes residentes de zonas urbanas atraídos por los salarios y ventajas profesionales.

El rodeo deportivo; el rodeo profesional, que se practica en todo el mundo, puede lesionar y hasta matar a los participantes, y a los payasos y *madrinas* encargados de su protección. Producen también maltrato animal en mayor o menor grado.

En los rodeos puede haber dolor y muerte para los vaqueros y sus protectores, y para los animales; pero la diferencia está en que la presencia humana es voluntaria y los animales están obligados.

Los novillos, los caballos y los toros están propensos a golpes y tratamientos que les produzcan fracturas en las costillas y patas, torcedura del cuello, pulmones perforados, hemorragias internas, acumulación de sangre bajo la piel desprendida y hasta la muerte. Fuentes han reportado que animales usados en los rodeos llegan muertos al matadero debido a las lesiones sufridas y a las malas condiciones del vehículo que los transporta.

Las picanas (llamadas también pica, aguijada y aguijón) de acero o eléctricas, las espuelas y las fustas se usan ordinariamente para estimular a los animales.

Según una fuente, a los toros se les atan correas (pretal) alrededor del abdomen y de los órganos genitales para causarles dolor, que el animal trata de evitar corcoveando y con movimientos bruscos, giros y patadas; pareciendo un animal salvaje y violento. Además, esas correas pueden causar heridas y quemaduras de la piel, debidas a las fricciones.

Con las pruebas de daños físicos denunciadas por veterinarios y activistas en favor del buen trato a los animales, no hay duda de la crueldad presente en los rodeos.

En algunos lugares las autoridades correspondientes han prohibido el uso de correas en el abdomen y genitales y han eliminado la faena derribo y amarre de novillos, porque han comprendido el daño que causan a los animales.

La mayoría de las personas que van a los rodeos como espectadores parecen no conocer los peligros y dolores presentes en la pista, y los empresarios y promotores continúan su trabajo mientras la población asista.

Los daños animales evidentes denunciados han promovido legislaciones nacionales e internacionales, respaldadas por instituciones mundiales que agrupan a la mayoría de los países del planeta.

La Liga Internacional de los Derechos del Animal y las ligas nacionales afiliadas adoptaron la Declaración Universal de los Derechos del Animal, en una reunión sobre los derechos de los animales efectuada en Londres, los días 21 al 23 de septiembre de 1977. Posteriormente la hicieron pública mediante una proclamación del 15 de octubre de 1978 y después fue aprobada por la Organización de las Naciones Unidas para la Educación, la Ciencia y la Cultura (**UNESCO**) y la Organización de las Naciones Unidas (**ONU**).

No hay nada permanente excepto el cambio.
Heráclito[7] (¿ ?)

Sin embargo, a pesar de las evidencias veterinarias de maltrato animal, de los esfuerzos y argumentos científicos de los defensores de los derechos de los animales, de las leyes, de las declaraciones de los derechos del animal, y del apoyo científico cultural planetario, se ha hecho muy poco para renovar algunos componentes peligrosos para los vaqueros y dañinos para los animales en el rodeo deportivo de todas las pistas del mundo.

La industria ganadera ha evolucionado. Los novillos dejaron de ser arreados a caballo y andar grandes distancias, para ser transportados en vehículos por carretera. Los caballos, toros, vacas y novillos se transportan en aviones y vehículos climatizados según su valía.

Han pasado tres mil años desde que los minoicos montaban toros como entretenimiento. El rodeo deportivo actual resulta un espectáculo atrasado en algunos aspectos que deben ser tenidos en cuenta por las instituciones que lo respaldan, para evitar los peligros que enfrentan los vaqueros y sus protectores, los maltratos a las bestias y el dolor y la sangre en la pista.

Entonces… ¿Por qué se retrasa la renovación del espectáculo hacia formas superiores de presentación?, ¿acaso los empresarios y promotores

---

[7] Heráclito de Efeso. Filósofo griego. Se sabe que vivió aproximadamente 470 aC (antes de Cristo).

no han comprendido que el rodeo actual tiene algunos componentes anticuados?, ¿no saben cómo renovarlo?, ¿no saben por dónde comenzar?, ¿temen a los cambios?, ¿temen a los resultados que acompañen a la renovación?, ¿temen que hayan pérdidas de afición y utilidades?

Lo primero que deben comprender los encargados del cambio es que la renovación es inevitable; lo segundo es que no va a perjudicar nada ni a nadie; al contrario, con ella todos, empresarios, promotores, federaciones y público, saldrán beneficiados y complacidos; lo tercero es que un empresario, un promotor, una federación u otro factor influyente comprenda la importancia de la renovación y dé el primer paso para llevarla adelante con fervor y buenas intenciones en favor de todos. Después, poco a poco, se comprenderán las ventajas y se sumarán más protagonistas.

Ya es tiempo que el rodeo deportivo se renueve, es el momento que comiencen los cambios, es hora que evolucione; que salte hacia nuevas y superiores formas de expresión. No hay justificación para practicar un deporte con componentes anticuados que atentan contra la integridad humana y animal, considerándolo como una tradición. Las tradiciones dañinas que no son renovables pasan a la historia en forma verbal y escrita. Hay muchas razones para renovar el rodeo deportivo.

¿Dónde están las personas e instituciones que deben detener la marcha de este deporte con componentes decadentes?, ¿dónde están las personas e instituciones para renovarlo, encauzándolo por un nuevo camino de actualidad, sensatez y creatividad, sin que se pierdan las buenas intenciones de ofrecer un espectáculo cultural y de entretenimiento inteligente?

Se puede lograr un rodeo deportivo que ofrezca un espectáculo entretenido, culto, inteligente, folclórico, familiar, lucrativo, próspero y productivo, y además, violento, rudo y desafiante; sin imitar a los minoicos, sin maltrato animal, sin gran riesgo, sin dolor, sin sangre y sin muerte. Empresarios, promotores, federaciones y público, todos, se beneficiarán con la renovación.

Una proposición con buenas intenciones a tener en cuenta a la hora de buscar la solución para renovar el rodeo deportivo, aparece en el capítulo siguiente.

CAPÍTULO 7

PROPOSICIÓN PARA UNA RENOVACIÓN MUNDIAL DE LOS RODEOS

Ninguna hora que haya sido invertida en la silla para montar, es una hora perdida.
Vaquero anónimo

La proposición siguiente está llena de buenas intenciones y su principal propósito es alertar a los encargados de la renovación, mostrándoles los elementos y el camino que deberían considerar para hacerla. Solo ellos, con sus conocimientos, su experiencia en este deporte, y sobre todo su entusiasmo bien intencionado en el propósito pueden lograrlo.

Para fundamentar la proposición que promueva un espectáculo de rodeo renovado con los atributos de excelencia señalados en el capítulo anterior, se considera que el rodeo se compone de Variedades y Faenas.

RENOVACIÓN DE LAS VARIEDADES

Ya fueron descritos los eventos que las conforman; pero solamente se mantendrán los que verdaderamente ofrezcan valores de excelencia, como los siguientes.

ESCARAMUZA CHARRA

Este es un evento histórico, folclórico y artístico que exige destreza de sus ejecutantes. En cada una de sus presentaciones se pueden entregar nuevas coreografías, nuevas canciones y nuevos vestuarios, que exhiban los talentos y habilidades de las amazonas, amaestradores de caballos, coreógrafos, compositores, modistos, artistas todos de ambos géneros, que contribuyen al esplendor del espectáculo.

Las escaramuzas charras son de origen mexicano y tienen su historia; pero se pueden presentar en cualquier país con sus coreografías, melodías y vestuarios propios, que muestren la creatividad y quehaceres de sus exponentes, artistas y creadores nacionales.

FLOREO DE LAZO

Este evento merece estar entre las variedades. Tiene muchos cultivadores en todos los países donde se practica el rodeo deportivo, quienes pueden enriquecerlo con nuevas figuras y movimientos, realizados sobre una cabalgadura o cualquier superficie.

ACROBACIA

Esta variedad es muy atractiva por los movimientos temerarios del artista, varón o hembra, que los ejecuta. Aquí hay arte, valor, gracia, destreza y creatividad que los espectadores agradecen.

ANIMALES AMAESTRADOS

Esta especialidad demuestra cuanto se puede lograr con un buen trato. Caballos y otras especies amaestradas entretienen a los menores y hacen reflexionar a los mayores acerca del valor de la constancia y la paciencia.

En todas las variedades y faenas donde se emplean animales, la excelencia del evento depende de la comunicación entre el entrenador y la bestia.

CARRERA DE BARRILES

Este evento merece permanecer en las variedades **si se eliminan la fusta y las espuelas** que utilizan las amazonas para estimular a sus cabalgaduras. Cuando existe una buena relación entre el animal y su jinete, no es necesario usar fusta ni espuelas. Con palabras, movimientos y golpecitos suaves de aviso en determinadas zonas son suficientes para que la bestia comprenda y ofrezca su mayor cooperación.

Varias referencias muestran los excelentes resultados que se logran cuando existe una buena relación afectiva entre el jinete y su cabalgadura. Es necesario sustituir las fustas y espuelas por palabras y acciones amables.

En todos estos eventos de variedades es imprescindible que exista una profunda comunicación afectiva entre el animal y el artista para que se logre la sincronización y los buenos resultados. Mientras menos maltrato sufra el animal, mayor reconocimiento profesional tendrá el jinete o el artista y mayor será la brillantez del espectáculo.

RENOVACIÓN DE LAS FAENAS

Todas las faenas que se ejecutan en el rodeo deportivo son anticuadas, peligrosas para los atletas y dañinas para los animales. ¡Hay que renovarlas!

Las faenas pueden renovarse mediante la tecnología.

Ya se venden toros mecánicos para ser montados; también se pueden crear caballos mecánicos con la misma finalidad.

Montarse en la nuca de un toro mecánico o pasarse de un caballo mecánico en movimiento para otro que se mueve, recordando el histórico *Paso de la muerte,* también puede lograrse mediante la tecnología.

Ya existen terneros mecánicos para que los principiantes del deporte aprendan a enlazarlo; también se pueden crear terneros sintéticos cuyas tres patas puedan ser atadas.

La tecnología puede crear figuras para que un jinete salte de su caballo mecánico sobre un ternero sintético y le tuerza el cuello para derribarlo.

La tecnología es capaz de crear una vaca mecánica con componentes sintéticos que permitan ordeñarla como si fuera una vaca ordinaria.

Se sabe que los toros mecánicos que se venden o alquilan en algunos lugares tienen una silla y un asidero; pero tales aditamentos pueden modificarse si se deseara.

Mediante la tecnología y accionando los mecanismos disponibles, los toros, caballos y novillos mecánicos pueden ser capaces de moverse, girar y corcovear más que cualquier toro real; pueden resultar más potentes y salvajes que los reales, y ofrecer mayores desafíos a los atletas.

Una fuente señala que un vaquero adolescente profesional ganó varios miles de dólares por su excelente trabajo de monta de toros en un campeonato.

Sería interesante ver a ese diestro y temerario vaquero y a otros tantos como él montados en un toro mecánico, y comprobar cuanto tiempo pueden mantenerse cuando la bestia mecánica se programe con las velocidades máximas de giros y corcovos.

Por naturaleza, todos los seres vivientes son diferentes y aun, dentro de una misma especie, sus individuos son diferentes. En una pista de rodeo, aunque todos los toros tengan el mismo peso y hayan recibido el mismo cuidado, son diferentes. Sin embargo, todos los toros mecánicos son iguales, cualidad que ofrece iguales oportunidades a los competidores. Además, toros mecánicos con numerosas velocidades de giros y corcovos disponibles, permitirán que los jinetes mejoren sus habilidades y que los jueces tengan datos concretos y objetivos en el momento de evaluar las actuaciones de los competidores.

Con la tecnología se puede lograr que las faenas con animales mecánicos ofrezcan mayores desafíos a los vaqueros que con los animales reales.

Las pistas mantendrán sus olores originales; pero si con la renovación disminuyera su intensidad, y los vaqueros y demás protagonistas del espectáculo y los espectadores los anhelaran, entonces la tecnología los ofrecería también.

EVENTOS QUE DESAPARECEN CON LA RENOVACIÓN

COLEO

Esta faena parece no ser una tarea ordinaria de los vaqueros originales que inventaron el rodeo. Se destaca más por la fuerza con que se tira de la cola del animal para derribarlo, que por la razón de hacerlo.

CORTE Y APARTE

Esta disciplina es interesante como ya se ha descrito; pero los novillos son maltratados emocionalmente. Es lamentable que desaparezca tan elegante tarea.

PAYASOS

Los payasos protectores, figuras valientes y temerarias, desaparecen conjuntamente con la monta de toros. Los actuales se mantendrán durante la transición hasta su retiro y las personas amantes de los grandes riesgos y peligros, siempre encontrarán emplcos en lugares que les complazcan.

Los payasos barrileros desaparecerán también porque su trabajo peligroso afecta emocionalmente a los animales. Sin embargo, si ofrecen un espectáculo inteligente, creativo y gracioso, propio de payaso, que entretenga al público, se ganarían el derecho a permanecer en la pista.

El número de jueces de faenas disminuirá con la renovación; pero aumentará en las variedades, porque en cada escaramuza charra habrá jueces para evaluar la coreografía, la música, el vestuario y las habilidades de las amazonas en sus presentaciones; también habrá jueces para calificar la complejidad de las actuaciones con animales amaestrados y de las figuras en el floreo de lazo; y del dúo amazona-cabalgadura en las carreras de barriles sin el uso de fusta ni espuelas.

Con la tecnología disminuirá el peligro para los atletas, desaparecerá el maltrato animal y aumentará la popularidad del espectáculo.

En la propia arena se mezclarán valores históricos y culturales de una nación con valores tecnológicos de la humanidad. Ese es el rodeo renovado, ese es el rodeo culto; sin peligro, sin dolor y sin maltrato animal que merecen los espectadores.

Los análisis realizados para la renovación proponen la cartelera hipotética siguiente:

RODEO DEPORTIVO RENOVADO. CARTELERA

VARIEDADES
ESCARAMUZA CHARRA
CARRERA DE BARRILES
FLOREO DE LAZO
ACROBACIA
ANIMALES AMAESTRADOS

FAENAS
MONTA DE TORO MECÁNICO
MONTA DE CABALLO MECÁNICO
ENLACE Y DERRIBO DE NOVILLO MECÁNICO
ORDEÑO DE VACA SALVAJE MECÁNICA

DIVERSIONES

En algunos países hay lugares de diversión donde los visitantes, hombres, mujeres y niños, montan toros mecánicos y pasan un rato divertido. Si son expulsados por la bestia mecánica, caen sobre un colchón y el riego de lesionarse es mínimo.

En las arenas donde se practique el rodeo deportivo renovado, usando bestias mecánicas, pueden instalarse salas de diversión y entretenimiento donde todos los visitantes, niños y mayores, puedan probar sus habilidades para montar animales mecánicos y pasar un buen rato.

Ojalá los empresarios, promotores y federaciones de rodeo deportivo comprendan la importancia de la renovación y aporten nuevas ideas que mejoren la hipotética cartelera propuesta.

En la renovación del rodeo deportivo no hay perdedores; ganan todos; ganan los protagonistas y ganan los espectadores; significa un paso adelante de todos, acompañados del progreso tecnológico mundial y las tradiciones nacionales renovadas de los pueblos.

ÍNDICE GENERAL

REFERENCIAS BIBLIOGRÁFICAS

Alfani Cazarín AE. 14 cosas que no sabías sobre la charrería mexicana. Octubre 5, 2017. www.matadornetwork.com

Alsina X. Araque: el rey del floreo. Escambray, periódico de Sancti Spiritus. Noviembre 25, 2012. www.escambray.cu

Álvarez del Villar J. Historia de la charrería. México. Imprenta Londres. 1941.

Asociación de rodeo chileno Aysen. Eliazar Cárdenas: ser capataz de rodeo es una tarea difícil de realizar. www.rodeoaysen.cl

Biblioteca Virtual Universal. El gaucho Martin Fierro. José Hernández (1834-1886). www.biblioteca.org.ar

Business Insider. This 19 year-old cowboy made $117 000 for 32 seconds of work. January 25, 2017. www.youtube.com

Camacho L. Historia del floreo. Mayo 9, 2009. www.charrosdecocula.blogspot.com

Castellano Actual. Duda resuelta: a menos o al menos. www.udep.edu.pe

Editor. La ciencia hace girar el lazo de los vaqueros. BBC News. Marzo 10, 2014. www.bbc.com

Editores. Caballo Cuarto de Milla. Características principales. Cumbre Pueblos. Agosto 27, 2018. www.cumbrepueblos

Escoda Casas H. La crueldad del rodeo estadounidense. Anima Naturalis. España. www.animanaturalis.org

Federación mexicana de rodeo A.C. Reglamento deportivo. Enero 2020. www.federacionmexicanaderodeo.org

Fernández A. Cuba: celebran campeonato nacional de rodeo. Telesur. Marzo 25, 2017. www.youtube.com

Fichas de datos de seguridad. Disulfuro de carbono. Junio 10, 2014. www.fagron.com

Flanagan G. This 19-year-old cowboy made $117,000 for 32 seconds of work. January 14, 2017. www.businessinsider.com

González Díaz P. Orígenes del rodeo. Revista Verde Olivo. Noviembre 11, 1973; #62.

González Piñón JL. Qué es la competencia de carrera de barriles por divisiones. www.caballo.tv

Inzunza G. 81 frases vaqueras de amor, ánimo y mujeres. www.lifeder.com
Mc Kinney A. Lo que se necesita para montar un toro. La Voz. Febrero 5, 2014. www.vozdeguanacaste.com

Liga internacional de los derechos del animal y ligas nacionales afiliadas. Declaración universal de los derechos del animal. Londres. Septiembre 21-23, 1977. www.fundacion-affinity.org

Ibid. Proclamación de la declaración de los derechos de los animales. Octubre 15, 1978. En: Comisión nacional de áreas naturales protegidas. Octubre 15, 2019. www.gob.mx

Mesa del Toro N. The rodeo is red hot in Cuba. Heritage and traditions. www.cubaplusmagazine.com

Mirabal G. Rodeo estadounidense. Caballos. Agosto 9, 2018. www.gustavomirabal.es

Nava J. Historia del rodeo. Atracciones Western. Deportes. Septiembre 17, 2009. www.jamesnava.com

Padrón Quiñones Y, Abreu Delgado B, Díaz Estrada O. El rodeo recreativo en Ciro Redondo, Cuba. Revista digital. Buenos Aires. 2010; #146. www.efdeportes.com

Padrón Quiñones Y, Díaz Estrada O. El rodeo en la isla de Turiguanó al norte de la provincia Ciego de Ávila, Cuba. Revista digital. Buenos Aires. 2010; #149. www.efdeportes.com

PennLive.com. Mechanical Bull Riding. www.youtube.com

Petalatino. Los rodeos. www.petalatino.com

Real Academia Española. Diccionario de la lengua española. Versión electrónica de la 23ª edición. Edición del Tricentenario. Octubre 2014.

Redacción BBC News Mundo. Mexican revolution. November 18, 2018. www.bbc.com

Tania Producciones. Toreros cómicos. Videos de risa cómicos. 2017. Camarógrafos Herison Jhony/Hermes. (sic)

The editors of Encyclopedia Britannica. Bill Pickett. American cowboy. www.britannica.com

Tu hobbie tu viaje. Costumbres y tradiciones por el mundo, el rodeo en Cuba. Junio 5, 2020. www.tuhobbietuviaje.com

Vargas Rojas V. Cinco razones para rechazar el rodeo. El Desconcierto. Agosto 19, 2016. www.eldesconcierto.cl

Vidal del Santo L, Lesassier Martínez M. Editores. Rumores del Hórmigo. Juan Cristóbal Nápoles Fajardo (El Cucalambé). Corregido, explicado y ampliado por José Muñiz Vergara. La Habana. Cuba. Publicidad Fergo-Arreguí, SA. Talleres de Seoane, Fernández y compañía. Mayo 17, 1938.

Editor. El lazo del cowboy en cámara lenta. BBC News Mundo. Marzo 10, 2014. www.bbc.com. www.youtube.com

www.britannica.com. José Hernández.

www.caballo.tv. Payasos de rodeo en acción pegada en jineteo de toros. Marzo 7, 2011. www.youtube.com

www.ecured.cu. Rodeo. Modalidades y disciplinas.

www.en.wikipedia.org. Martín Fierro.

www.en.wikipedia.or. Escaramuza charra.

www.en.wikipedia.org. Rodeo.

www.en.wikipedia.org. Steer wrestling.

www.es.jobs-job.com. ¿Cuánto cuesta un payaso de rodeo al año?

www.es.qaz.wiki. Payaso de rodeo
.

www.es.wikipedia.org. Disciplinas del rodeo.

www.es.wikipedia.org. Rodeo estadounidense.

www.es.wikipedia.org. Rodeo estadounidense. Disciplinas.

www.infotematica.com.ar. El gaucho Martín Fierro

www.map-cuba.com/las-tunas-cuba. Las Tunas. Cuba.

www.mapuexpress.org. El rodeo como práctica de abuso y maltrato. Septiembre 18, 2016.

www.mechanicalbullsales.com. Mechanical bull riding tips: a how to guide.

www.monsterenergy.com. 5 cosas que seguramente no sabías del *bull riding*. Septiembre 19, 2018

www.mundocaipira.com.br. Historia del rodeo. Rodeo-es/28 de septiembre de 2020.

www.prestonrodeo.com. History of that famous Preston Night Rodeo
.

www.ranchohorizontesqh.com. ¿Conoces el deporte Corte y Aparte? Rancho Horizontes.

REFERENCIAS BIBLIOGRÁFICAS

www.site.google.com. Paso de la muerte. Charrería
.

www.westernfairdistrict.com. Best tips for mechanical bull riding.

www.wikihow.com. How to ride a mechanical bull. February 2, 2016.